AF325134

NOTICE

SUR

MONSEIGNEUR IMBERT

ÉVÊQUE DE CAPSE

VICAIRE APOSTOLIQUE DE CORÉE

PAR

L'abbé FIRMIN OLLIVIER

CURÉ DE CALLAS

DANS LE DIOCÈSE D'AIX

AIX

IMPRIMERIE J. NICOT, RUE DU LOUVRE, 16

1880

—⁕—

—⁕—

DÉCLARATION DE L'AUTEUR

Voulant obéir d'esprit et de cœur au décret du Pape Urbain VIII, je déclare ne donner aux faits consignés dans cette notice qu'une autorité purement humaine, et n'avoir employé certaines qualifications, telles que celles de *Vénérable, Martyr, Saint,* que dans un sens ne prévenant en rien le jugement de l'Eglise.

Monseigneur,

Au moment où l'Église reprend la cause depuis long-temps suspendue du martyre de Mgr Imbert, j'ai cru opportun d'exposer en un résumé succinct les traits principaux de sa belle vie. Heureux serais-je si ces quelques lignes pouvaient contribuer à populariser sa gloire et à édifier les âmes pieuses qui les liront. C'est là, Monseigneur, toute mon ambition. Puissiez-vous la bénir et permettre encore que, malgré mon insuffisance, je vous dédie ce modeste écrit! N'est-il pas naturel qu'il paraisse sous les auspices d'un prélat qui, après avoir évangélisé une contrée rapprochée de celle où Mgr Imbert prit naissance par le martyre à la vie du ciel, gouverne à cette heure le diocèse qui eut l'insigne honneur de lui donner le jour?

Je vous prie d'agréer en même temps, Monseigneur, l'hommage respectueux avec lequel j'ai l'honneur d'être,

de Votre Grandeur,

le très humble et très obéissant serviteur,

F. OLLIVIER.

NOTICE

SUR

MONSEIGNEUR IMBERT

ÉVÊQUE DE CAPSE

VICAIRE APOSTOLIQUE DE CORÉE

Il existe déjà une notice sur Mgr Imbert. Elle a été écrite, peu de temps après sa mort, par un de ses anciens condisciples et amis, le Père Jourdan, prêtre de la maison de Sainte-Croix, à Aix. Sauf quelques inexactitudes sur divers points assez importants, que la découverte de certains documents ignorés jusqu'à ce jour m'a permis d'éviter (1), c'est dans ce pieux travail que j'ai puisé à peu près tous les détails qu'on va lire. Si j'ai voulu en donner un abrégé, c'est uniquement dans la pensée qu'un opuscule de quelques pages serait plus facile à propager. Or, mon désir le plus ardent serait de le répandre à profusion, afin d'atteindre aisément le double but que je me propose.

(1) Je me fais un devoir de prévenir le lecteur que j'ai été admirablement secondé dans la première partie de ce travail par les recherches actives d'un ancien maître et ami vénéré, M. Abeau, directeur de l'Ecole libre du Sacré-Cœur. Je veux le remercier publiquement des précieux documents qu'il m'a procurés.

Remplissant les fonctions de pasteur des âmes dans la paroisse où Mgr Imbert passa son enfance, je voudrais, tout en faisant connaître ses vertus et son martyre, recueillir assez d'aumônes pour ériger à ce héros chrétien une statue dans son propre pays. Je le sais, le produit de ce modeste opuscule ne saurait suffire à la réalisation de mon projet : c'est pourquoi je demande humblement à mes vénérés confrères et aux pieux fidèles la permission de faire appel à leur charité. Je ne crains point de présager en retour, à tous ceux qui voudront bien y répondre, les bénédictions toutes célestes qu'attirera sur eux cet intrépide martyr à qui l'Eglise décernera, selon toute apparence, les honneurs attribués aux bienheureux.

I

A douze kilomètres d'Aix, entre les Mille et Cabriès, et sur le territoire de cette dernière commune, se cache modestement au centre d'un vallon un hameau connu sous le nom de Callas. Depuis près de trente ans, ce hameau, fort humble à son origine, a cependant grandi. Une paroisse y a été érigée, et une église du style grec le plus pur embellit ce site que la nature n'avait pas d'ailleurs privé de tout charme et de tout agrément.

Callas a visiblement reçu les bénédictions les plus pré-
cieuses du martyr dont il s'honore d'avoir abrité l'enfance.

A deux kilomètres de ce hameau, entre les terres et les
collines de la ferme Saint-Amand et les contours sinueux
du bassin du Réaltor se trouve le pauvre domaine de
Labori (1). Ce n'est pas sans peine qu'une main-d'œuvre
assidue a pu tirer de ces maigres terrains quelques produits ; car, à part certains fonds de vallée un peu plus
fertiles, on ne rencontre partout que sol rocailleux et
collines dénudées. Mais l'esprit de Dieu souffle où il
veut. Ici encore il a fait naguère fleurir le désert.

C'est en effet au milieu de cette nature triste et sau-
vage, et dans une pauvre habitation située au point le
plus culminant d'un plateau, que se passèrent pour celui
dont nous allons esquisser la vie, ces années obscures de
l'enfance, pendant lesquelles s'opère le plus souvent dans
les âmes, sous le regard ému du père et de la mère, ce travail latent de la grâce qui prépare les grandes vocations.
L'indigence du réduit, loin de faire contraste avec le reste
du paysage, s'harmonise parfaitement avec la rusticité des
lieux. La maison s'ouvre du côté du soleil levant. Après
avoir gravi six marches d'escalier qui la relèvent au-
dessus du sol, on arrivait jadis sur une humble terrasse
d'où l'on pénétrait dans un appartement d'étroite dimen-
sion. Près de l'entrée son âtre primitif, puis dans le fond

(1) Bien que tous les documents publics écrivent *Labori* d'un seul
mot, il paraît certain que cette expression vient de l'article *la* et du
vieux mot provençal *bori* qui a le même sens que *hutte, masure.*

deux alcôves, annoncent que cette pièce résume à elle seule tout le domicile de la famille Imbert. Une étroite fenêtre qui s'ouvre du côté du nord jette un jour douteux sur cet intérieur plus que modeste. La maison de Nazareth où le Sauveur vécut trente ans était-elle plus pauvre ?

Nous avons nommé Nazareth. Pour Mgr Imbert, comme pour le Sauveur des hommes, Nazareth est distinct de Bethléem. Mais de même que Jésus, quoique né dans le village de David, fut appelé le Nazaréen, notre héros avait toujours passé pour n'avoir d'autre pays que Callas, et tout le monde avait cru jusqu'ici qu'il y était né. Il n'en est rien. Dieu, pour lui donner un trait de ressemblance de plus avec son divin Fils, a voulu qu'il naquît dans une demeure étrangère où sa famille, réduite sans doute par la misère à cette extrémité, alla séjourner quelque temps.

Le grand-père de notre saint martyr était chevrier, et c'était pour y menor paître son troupeau qu'il avait acquis Labori, domaine inculte; mais où poussaient d'elles-mêmes, parmi de nombreuses touffes de thym, d'autres plantes nutritives et aromatiques. Ses trois fils s'étaient partagé l'héritage paternel, et Louis-Honoré Imbert avait eu en partage la maison que nous avons décrite et quelques lopins de terre. Ayant épousé Marie-Anne Flopin et voulant se ménager sans doute quelques petites épargnes en vue de l'enfant que Dieu allait lui donner, il alla passer quelque temps avec sa femme, probablement en qualité de domestique, au tènement de Bricard, paroisse de Marignane. C'est là, dans une vieille ferme attenante au château aujourd'hui rebâti à neuf, que naquit le 3 germinal an IV de la République, 23 mars 1796, Laurent-Joseph-Marius Imbert, notre futur martyr. En ce temps de persécution, à Marignane comme partout, l'église avait été transformée en club par les maîtres du jour; plus de curé, plus de culte. A peine si, caché parmi les pieux fidèles, un prêtre du diocèse d'Arles, chargé par le Saint-Siège d'exercer les fonctions de missionnaire apostolique dans la contrée, M. Nay, célébrait les saints mystères tantôt dans une ferme isolée du Pas-des-Lanciers, tantôt ailleurs. Un enfant venait-il au monde, on attendait son arrivée pour le lui présenter; c'était ordinairement dans un moulin à huile qu'il administrait le sacrement de baptême aux enfants de Marignane et des paroisses environnantes (1). C'est là, selon toute apparence, que fut baptisé de sa main l'enfant prédestiné à évangéliser un jour les pays infidèles, à y vivre en proscrit et à sceller de son sang les vérités chrétiennes. Son acte de baptême est daté du 4 avril 1796. Le nom de Laurent qu'il reçut en ce jour était comme une prophétie. A l'exemple de son patron, cet enfant devait être martyr de la foi et de la charité, et les atrocités de son dernier supplice devaient révéler en lui une constance comparable à celle de l'illustre lévite dont la capitale du monde chrétien est particulièrement fière.

---

(1) Après le rétablissement du culte, M. Nay, incorporé au nouveau diocèse d'Aix, fut chargé de la cure de Marignane. Il édifia cette paroisse qui le vénérait comme un confesseur de la foi, y fit beaucoup de bien, y jeta les fondements de la congrégation des sœurs du Saint-Nom-de-Jésus et y mourut en odeur de sainteté.

L'opinion du seul contemporain que nous ayons pu consulter est que Louis-Honoré Imbert ne resta que quelques mois à Bricard après la naissance de son fils. Dès le 29 septembre de la même année, il retournait à Labori pour cultiver son petit avoir.

Tandis que les gouvernements révolutionnaires qui se succédaient en France proscrivaient le culte de nos pères, Dieu comptait au foyer de Louis Imbert des adorateurs en esprit et en vérité. Aussi l'enfant grandissait-il chrétiennement élevé en âge et en sagesse devant Dieu et devant les hommes.

Un jour vint cependant où ses parents, comme ceux de l'Enfant-Jésus, le conduisirent au temple du Seigneur. Le calme renaissait pour l'Eglise après la tempête, et le peuple fidèle reprenait dans un saint enthousiasme le chemin délaissé de la maison de Dieu. Quelque jeune qu'il fût, Laurent ne fut pas insensible à ce touchant spectacle. Tout un horizon de pieuses pensées s'ouvrit à ses yeux et un épanouissement d'ineffables joies fit tressaillir son cœur quand il vit le prêtre à l'autel, quand il entendit les voûtes saintes retentir des chants sacrés. L'impression fut si profonde qu'on vit bientôt se manifester en lui les précieux germes de sa vocation sacerdotale. De retour à la maison paternelle, il se met à élever des croix, à faire des autels et à reproduire avec les sentiments de la plus tendre piété ce que ses yeux avaient vu, ce que la mémoire de son cœur avait si bien retenu.

Une chose pourtant lui donnait à penser. Le prêtre à l'autel lisait : lui, voulait donc lire aussi. Un jour il trouve un sou sur son chemin. « Bon, s'écrie-t-il tout joyeux, j'en achèterai une sainte croix. » (C'est ainsi que nos pères appelaient l'alphabet dont ils faisaient précéder les lettres du signe béni de notre salut). Et voilà que muni de son petit livre il se rend à la ferme de Callas auprès d'une pieuse femme en la priant du ton le plus candide de lui apprendre à épeler les lettres. La digne chrétienne l'accueille avec bonté et bientôt elle voit avec satisfaction son jeune élève faire de rapides progrès. En peu de temps il savait lire. Un jour même, ô prodige enfantin ! sa main dérobe à l'âtre un charbon, et, le transformant en crayon, il reproduit patiemment sur les murailles quelques lettres de son livret. Sa maîtresse ravie lui donne alors une plume et un cahier et le forme sans plus tarder aux premiers éléments de l'écriture.

Or, tout le monde à Callas parlait de l'enfant, et, de proche en proche, sa réputation montait à Cabriès. « Que pensez-vous que sera un jour cet enfant, entendait-on dire de toute part ; la main de Dieu est avec lui ? » M. Arnaud, le vénérable curé de la paroisse, entendit cette voix du peuple qui était, pour Laurent Imbert, comme jadis pour Jean-Baptiste, l'écho de la voix de Dieu. Pressentant les hautes et saintes destinées du petit pâtre, il sollicite et obtient de son père la consolation de lui prodiguer les soins d'un intelligent dévoûment. Puis, comme l'administration de sa paroisse, en ces jours de restauration religieuse, ne lui laissait pas assez de temps pour satisfaire l'ardeur peu commune dont son élève de onze ans était dévoré pour l'étude, il veut le confier à des mains capables de continuer son œuvre.

C'était en 1807. Le père Antoine Receveur que les fureurs de la Révolution avaient contraint, quinze ans auparavant, d'émigrer en Allemagne avec l'élite de ses paroissiens, venait de ramener à Aix, sous le patronage de Mgr de Cicé, sa double famille de frères et de sœurs de la Retraite Chrétienne. Les uns et les autres se vouaient à l'éducation de la jeunesse. Mgr de Cicé installa les frères dans l'immeuble de Saint-Joachim dont la chapelle donnait sur la rue Bon-Pasteur, et les attenances sur la rue des Écoles. Grâce à l'esprit de pauvreté pratiqué par ces prêtres vertueux, ils purent, dès la fondation de leur maison, se faire une règle de recevoir dix enfants pensionnaires à titre purement gratuit. C'est à eux que s'adressa le vénérable M. Arnaud. Il leur peignit sous des traits si saisissants les qualités précoces du futur apôtre qu'ils n'hésitèrent pas à se charger de tous les frais de nourriture et d'éducation. Il n'aurait à payer que ses vêtements et les fournitures classiques.

Mais, hélas ! quelque grande que fût cette faveur, le père d'Imbert était si pauvre qu'il ne pouvait suffire à une si modique dépense. D'abord la bourse du zélé M. Arnaud y pourvut, et, l'enfant sut apprécier ses généreux sacrifices. Mais, tout en cherchant à les reconnaître par un redoublement de ferveur et une constante application à l'étude, son esprit inventif n'eut point de repos qu'il ne fût parvenu à soulager son bienfaiteur du fardeau que son entretien lui imposait.

Comment s'y prit-il ? Ecoutons ici un de ses condisciples témoin de ses actes durant plusieurs années : « Il
avait vu, nous dit-il, les frères de la maison tordre du fil
de fer pour confectionner des chapelets. Il voulut faire
comme eux, et le voilà, le fil roulé autour de son bras,
les pinces à la main, faisant des chapelets pendant les
récréations et même pendant les études, tout en apprenant sa grammaire et ses auteurs. » Qu'il se rendît au
collège municipal, auquel le despotisme impérial réservait alors le monopole de l'enseignement, ou qu'il revînt
du collège à la maison, on le voyait quatre fois par jour
traverser la ville en confectionnant des chapelets. Il y
employait, sans jamais se lasser, toutes les après-midi de
ses promenades d'hiver et les longues journées de ses promenades d'été. Or, que faisait-il de ces nombreux produits de sa pieuse industrie ? Il les vendait aux marchands forains, et le profit qu'il en retirait servait à
payer ses cahiers et ses livres, à acheter ou à faire réparer son linge et ses vêtements. Il fit plus encore :
l'amour de sa famille inspira à cette âme désintéressée
les instincts du commerce. « Il perfectionna ses chapelets ;
il imagina de jolies médailles pour les *Pater* et le *Credo*,
il organisa des loteries pour vendre les chapelets de prix
destinés à orner les statues de la sainte Vierge. Il se mit en
rapport avec des négociants, fit porter ses produits à la
foire de Beaucaire, alors si célèbre et si fréquentée, et parvint ainsi à faire toucher à son père, sur le produit de son
travail, une pension de 15 francs par mois. »

Dieu se sert de tout pour parler à l'âme docile. Parmi les professeurs à qui notre futur missionnaire fut successivement confié, se trouvait un ancien avocat, M. Bayle, qui avait conservé des relations avec des amis entrés dans les missions étrangères. Quand il en recevait quelque lettre, sa foi ardente et communicative ne lui permettait pas de garder pour lui seul les impressions de pieux enthousiasme dont son âme était éprise. Il l'épanchait naïvement dans le cœur de ses élèves, et, après leur avoir décrit en particulier le sort de ces pauvres enfants chinois délaissés par des parents sans entrailles, il s'écriait tout ému : « Qui donc veut aller en Chine ? Qui veut aller sauver des âmes ? » et tous de répondre avec l'élan irréfléchi de l'enfance : « Moi, moi ! » Pieux élan sans doute, mais élan fort éphémère, comme la plupart des impressions du jeune âge !

Toutefois, parmi ces enfants, il en était un dont la réponse était aussi réfléchie que sincère. Oui, les missions, les missions, tel fut le but constant vers lequel tendirent dès lors tous les désirs d'Imbert. C'était son rêve unique, et ce rêve était de ceux que la grâce prépare et dont elle mûrit la réalisation. Bachelier à seize ans, (31 juillet 1812), il eût pu, comme tel ou tel de ses camarades, aspirer à de brillantes carrières dans le monde, ou même attendre tranquillement dans le clergé diocésain des honneurs que ses vertus et ses talents lui eussent infailliblement procurés. Mais d'autres préoccupations absorbaient sa grande âme. Un attrait irrésistible lui faisait sentir, comme à Xavier, qu'il était appelé à aller conquérir au loin des âmes à Jésus-Christ.

Il avait reçu la tonsure, dans l'église métropolitaine de Saint-Sauveur, des mains de Mgr Jauffret, évêque de Metz, le 21 décembre 1811, tandis qu'il était élève d'humanités à Saint-Joachim. Entré au grand-séminaire après avoir été reçu bachelier, il n'y perdit jamais de vue la pensée des missions. Doux et affable à tous, il était pour lui-même d'une rigueur et d'une austérité peu communes. On le vit en plein hiver se laver la tête et le cou avec de l'eau glacée. Il fut même surpris tenant ses mains sur la flamme vive d'une lampe, et c'était sans doute dans le but d'endurcir sa peau jusqu'à la rendre insensible, pour devenir ainsi de jour en jour plus apte au rude labeur des missions.

Laurent Imbert reçut des mains de Mgr Miollis, évêque de Digne, les quatre ordres mineurs, dans l'église de la Madeleine d'Aix, le 17 juin 1814. Arrivé au terme de ses études théologiques à l'âge de vingt ans, il ne put, avant de quitter le grand-séminaire, s'engager dans les ordres sacrés. M. Boni, son directeur, crut opportun d'utiliser les années qui lui restaient avant d'atteindre l'âge canonique en lui confiant les fils de M. Bolot, maire de Givors, son pays natal. L'excellente famille au sein de laquelle il vécut deux ans garda toujours de lui le meilleur souvenir.

Cependant, le moment approchait où il allait suivre une vocation, entrevue peut-être dès le jour qu'il franchit pour la première fois le seuil de l'église de Cabriès. Mais une voix intérieure lui conseille, avant de prendre une détermination définitive, de s'éprouver plus sérieusement que jamais. Quelque profonde que soit la solitude qu'il s'est faite au dedans de lui-même, il la trouve insuffisante pour le projet qu'il médite. Comme Notre-Seigneur, au commencement de sa vie apostolique, il s'enfonce dans le désert. Le désert dont il fait choix, retraite bénie où l'âme trouve comme le vestibule du ciel, c'est le monastère de la Trappe d'Aiguebelle, près de Montélimar. Là, il prie ; il ouvre son cœur avec une entière confiance au religieux qu'il a choisi pour directeur ; il lui en fait connaître toutes les aspirations, et l'homme de Dieu, qu'une longue expérience rendait habile dans la direction des âmes, reconnaît aisément dans ce jeune homme une vocation d'élite. Ce fut donc avec un sentiment d'indicible bonheur qu'il lui manifesta sa décision en ces termes : « Oui, mon enfant, Dieu vous a vraiment choisi pour les missions ; je vous le dis en toute confiance : Allez ! »

II

Pleinement affermi par ces encourageantes paroles, Imbert part tout joyeux pour le Séminaire des Missions Étrangères, à Paris. Une lettre l'y avait précédé : le Révérend Père abbé de la Trappe avait écrit au supérieur des Missions pour le prier d'admettre au nombre de ses enfants ce pieux lévite sur lequel s'était reposé l'œil du Seigneur. « Vous désirez être missionnaire, lui dit avec tendresse le digne supérieur ? — Oui, mon Père, répondit humblement Imbert, et missionnaire chinois, si telle est votre volonté. » Le supérieur dut sourire en promenant son regard sur la personne du jeune postulant; sa taille, sa figure, son teint, tout dans son extérieur lui valait déjà les flatteuses apparences d'un natif du Céleste Empire.

Il fut donc destiné aux Missions de la Chine, et, après avoir passé deux ans à Paris dans l'apprentissage d'une vie qui ne devait plus avoir de repos, il fut envoyé, en 1820, dans la mission du Su-Tchuen, province occidentale de la Chine.

Il serait difficile de décrire dignement la cérémonie touchante des adieux. Cette scène, quoique souvent renouvelée, pénètre l'âme d'une indicible émotion. Le jeune missionnaire était debout, sur la marche supérieure de l'autel. Ses traits semblaient rayonner d'une douce et ineffable joie; ils étaient comme illuminés du double reflet de l'intrépidité et de la modestie. Soudain, le maître de chœur entonne, et des voix fortes et graves poursuivent avec un harmonieux ensemble les paroles que l'apôtre saint Paul a empruntées aux prophètes Isaïe et Nahum : « Qu'ils sont beaux les pieds de ceux qui évangélisent la paix ! *Quam speciosi pedes evangelizantium pacem !* » En ce moment solennel, les missionnaires d'abord, puis les assistants s'avancent et baisent à genoux les pieds heureux qui vont porter au loin la bonne nouvelle du salut.

A la suite de cette scène émouvante, Imbert prend hardiment, le 20 mars 1820, le chemin si longtemps envié de l'empire chinois. Des obstacles nombreux l'empêchèrent de faire sans interruption un si long trajet. Il s'arrête d'abord quelque temps dans la vaste et fertile province du Bengale; puis, il stationne durant trois mois au séminaire de Pulo-Pinang, dans le détroit de Malacca. Le directeur des études venait d'y mourir, et, pendant son séjour, Imbert enseigne aux jeunes Chinois la langue latine et la théologie. Le 2 décembre suivant, il s'embarque sur un navire anglais pour Macao; et, après s'y être quelque temps arrêté, il se rend au Tonkin, qui formait alors avec la Cochinchine le royaume d'Annam. Il dut y séjourner deux ans, afin d'encourager et de secourir les chrétiens éprouvés par la persécution. Ils s'attachèrent tendrement à lui comme à un ange descendu du ciel pour les consoler. Ce n'était point là, cependant, que la Providence l'appelait. L'heure était venue pour lui d'aller plus loin et de pénétrer enfin dans la mission du Su-Tchuen à laquelle il était destiné. L'entreprise était des plus hardies; il fallait un courage et une résignation à toute épreuve pour aborder ce théâtre de mort. La persécution y sévissait presque toujours terrible et sanglante. Des brigands nombreux infestaient les chemins, et les pays qu'on avait à traverser se trouvaient presque tous, en ce moment, en état de rébellion. N'importe! Plein de confiance dans le Dieu qui l'envoie, Imbert s'avance suivi de plusieurs chrétiens indigènes; mais ceux-ci, déconcertés par les obstacles qui surgissent à chaque pas, ne tardent pas à rebrousser chemin, et l'on ne revit jamais la plupart d'entre eux. Malgré ce désarroi complet, Imbert, de plus en plus intrépide, continue sa route, et après bien des fatigues et des peines, il arrive enfin le cœur joyeux au terme de son voyage.

Avec quel bonheur, avec quels transports, son arrivée fut saluée par les chrétiens ! Il y avait environ deux ans que n'était plus venu d'Europe un seul missionnaire français. Il fut donc reçu à bras ouverts, et, dans l'élan de sa reconnaissance, son évêque, Mgr Fontana, ne cessait de bénir Dieu dont la bonté comblait ainsi le plus ardent de ses vœux.

Après la joie de l'arrivée et les doux épanchements des premiers entretiens, on dut s'occuper de la Mission. Imbert fut chargé de l'administration d'un district qui avait environ quatre-vingts lieues du nord au sud. « On croira sans peine, écrivait-il lui-même, que je ne puis suffire à l'administration d'une paroisse si étendue ; mais j'ai aux deux extrémités de la province deux prêtres indigènes qui travaillent sous ma direction. » Heureusement secondé par eux, il se livra aux labeurs de l'apostolat avec une indicible ardeur. Pendant neuf mois de l'année, il courait de contrée en contrée, conférant aux néophytes le baptême, aux chrétiens les sacrements de pénitence et d'eucharistie. Son zèle pourvoyait à tout, et l'on pouvait dire de lui comme de Celui dont il était le fidèle ministre que, partout où il passait, il opérait le bien.

Quand il s'était ainsi dépensé durant neuf mois, il sentait le besoin de prendre quelquerepos. Il employait donc les trois mois des fortes chaleurs à se remettre de ses fatigues, puis il repartait plein de zèle et de courage.

Comment dire toute la sagesse dont il fit preuve dans l'exercice périlleux d'une si difficile mission ? Ah ! si le missionnaire doit toujours avoir la simplicité de la colombe, il lui faut bien aussi, dans ces pays surtout, la prudence du serpent; car, à chaque pas, sa vie est exposée à de nouveaux dangers. Ces dangers ne viennent pas toujours de la part des mandarins. « En général, dit M. Imbert, ceux-ci craignent d'avoir affaire avec les chrétiens. Les grands persécuteurs, depuis 1815, sont morts pour la plupart ou ont éprouvé de grands revers, ce qui épouvante les autres. Mais, le croirait-on, si nous sommes en paix de la part des païens, nous ne sommes pas toujours sans sollicitude de la part des chrétiens apostats qui ne se convertissent que difficilement et qui nous livrent quelquefois, sinon aux mandarins, du moins à leurs satellites pour extorquer de l'argent. Dans ces vicissitudes continuelles, nous vivons au jour la journée sous la protection de la divine Providence. Heureux si nous pouvons, après plusieurs années de travaux, recevoir la couronne du martyr! »

Comme ces élans généreux témoignent admirablement des sublimes aspirations de ce grand cœur! Mais, avant que cette gloire sanglante du martyre si ardemment convoitée couronne enfin sa carrière, notre invincible athlète devra quelque temps encore dépenser son zèle à faire fructifier le champ du Seigneur! Les missions de l'extrême Orient auront surtout à le bénir pour l'établissement d'un séminaire indigène destiné à recruter sur les lieux un clergé d'autant mieux accepté par les populations qu'il sera pris dans leur sein. C'est aussi le meilleur moyen de pourvoir, avec moins de frais et plus rapidement, à toute l'étendue de leurs besoins. Il s'avance donc un jour, avec le plein consentement de ses supérieurs, jusqu'au centre de l'Asie, dans le Thibet. Il s'arrête dans la principauté de Moping, que son éloignement de la Chine met à l'abri de la persécution. Il y loue un terrain, y construit une maison en planches et, dès le mois de janvier 1831, il s'y installe avec douze jeunes Chinois venus du Su-Tchuen, où un prêtre du pays leur avait donné les premiers éléments de latinité.

Mais quand par des soins assidus et des travaux de tout genre, M. Imbert eut consolidé cette œuvre naissante et qu'il crut en avoir assuré l'avenir, emporté par l'ardeur dévorante de son zèle, il dirigea ses vues vers de nouveaux horizons. Il sollicita et obtint la faveur d'être envoyé dans la Mission de Corée, qui venait d'être confiée par le Saint-Siège à la congrégation des Missions Étrangères.

La Corée est un pays du plus difficile accès : l'abord en est défendu par un rempart bien autrement redoutable que la célèbre muraille de Chine; c'est une chaîne de hautes montagnes toujours couvertes de neige. De leur pied à la Mer Jaune se déroule un désert, de vingt lieues de long sur douze de large, que les eaux d'un grand fleuve bornent au levant. Le fleuve se divise en trois branches avant de se jeter dans la mer; à chacune, notamment à celle qui baigne le territoire coréen, sont postés de nombreux douaniers qui en défendent l'entrée.

Aussi, était-ce en vain que depuis plusieurs années l'évêque de Capse, Mgr Brughière, mettait tout en œuvre pour y pénétrer; en vain que deux prêtres intrépides,

M. Maubant, du diocèse de Bayeux, et M. Chastan, du diocèse de Digne, le secondaient de leur zèle infatigable, et ne reculaient devant aucune tentative. Le saint évêque mourut, comme Moïse, privé de la consolation de mettre le pied sur cette terre promise qu'il avait si longtemps convoitée, et Rome désigna M. Imbert pour lui succéder, sous le même titre d'évêque de Capse. Aucun choix, ne pouvait mieux répondre aux vues du prélat défunt. Mgr Brughière avait en effet une haute idée de l'intrépidité d'Imbert. Quand il s'était cru à la veille de mettre le pied sur le sol Coréen, il avait écrit au procureur des Missions Étrangères à Macao : « Quand vous saurez que je suis entré, appelez aussitôt M. Imbert ; il nous faut un missionnaire de cette trempe. »

Suivons maintenant le nouvel évêque, à qui MM. Maubant et Chastan restent associés, sur le dernier théâtre des ses travaux apostoliques.

III

A M. Chastan revint l'honneur d'entrer le premier en Corée. Après de longues et pénibles marches, toujours opérées durant la nuit, il arriva jusque dans la capitale, le 2 janvier 1836. Il nous dit lui-même combien douloureuses furent ses premières impressions au récit des traitements infligés à cinq confesseurs de la foi. Ces courageux chrétiens étaient détenus en prison et soumis sans pitié aux plus horribles tortures. On leur avait brisé les jambes, et une sainte veuve venait d'expirer, après avoir eu les lèvres affreusement déchirées. « Je compris alors, dit M. Chastan, que le martyre considéré dans l'oraison, à quelques mille lieues du péril, ou bien dans le lieu même et à la veille du jour où on peut le subir, produit un effet bien différent. Mais si les forces de la nature ne sont pas toujours égales, la grâce de Dieu qui nous soutient est la même partout. »

Quelques jours après son arrivée, il fut rejoint par M. Maubant, qui avait, comme lui, essuyé bien des fatigues et couru de nombreux périls. Une de ses lettres nous apprend qu'au moment où il franchissait les trois branches du fleuve, il faillit être arrêté au second poste de douane ; car, tandis qu'il se glissait sous la voûte d'un aqueduc glacé, à deux pas des satellites, un chien plus vigilant que ses maîtres se mit à aboyer. « C'en est fait, se disait-il, saisis en flagrant délit de fraude, nous allons être arrêtés, questionnés, reconnus. Que la sainte volonté de Dieu se fasse ! Cette sainte volonté nous fut propice. La négligence des préposés nous laissa entrer dans la ville. »

Or, pendant que ses deux compagnons entraient ainsi en Corée, que faisait Mgr Imbert ? Il attendait l'arrivée des brefs qui devaient lui conférer, avec son titre épiscopal, ses pouvoirs de vicaire apostolique. Mais ce ne fut que vingt et un mois après la mort de Mgr Brughière qu'il put les recevoir. Il partit aussitôt et usa de mille ingénieux stratagèmes pour hâter le plus possible l'heure de son arrivée. Ici, (c'était dans un défilé qui conduit à Pékin) il détourne l'attention des préposés, en se dissimulant, ainsi que ses compagnons de route, sous des déguisements de mandarins. « Comme eux, nous ne descendîmes pas de nos chevaux, dit-il, comme eux, nous avions des bonnets de poils de renard, et ma barbe et ma prestance achevèrent la parodie. » Ailleurs, il eut recours à un guide. « Pour dix francs, poursuit-il, il me conduisit à la faveur de la nuit, du froid et de la neige qui, tombant fort à propos, retenait douaniers et soldats dans leur poste, autour du feu. Il me fit parvenir par des chemins détournés vers un pan de rempart écroulé de la grande muraille. A une heure de distance, nous nous arrêtâmes chez une famille chrétienne, et, le lendemain, mes chevaux et mes effets passèrent avec le même bonheur. »

Il ne fut pas moins habile pendant et après la traversée du fleuve redoutable qui défend l'abord de la Corée. Il profita de l'obscurité de la nuit, et, comme les eaux étaient glacées, Il s'y avança prudemment ; car, le moindre bruit pouvait le trahir. Deux fidèles l'attendaient à son arrivée. Ils le conduisirent dans une hôtellerie, et là, pour ne pas éveiller l'attention des gens de la maison, « ils étendirent une couverture dans un coin de l'appartement pour y faire reposer l'étranger de distinction qui se trouvait très fatigué. Quand il s'y fut placé, on étendit un voile devant sa figure, comme il est d'usage de le faire devant les personnes nobles de l'empire, et, quand le repas fut prêt, on lui présenta un peu de nourriture qu'il refusa, quelqu'appétit qu'il eût, en feignant de ne pouvoir l'accepter. » Enfin, le 31 décembre, au jour prévu, il arriva à Han-yang, capitale de la Corée. Il avait mis moins de trois mois entre le jour de son départ et celui de son arrivée, et, il a lui-même compté qu'il avait fait, en quarante-quatre jours de marche, environ cinq cents lieues. Sa plus grande halte fut en Tartarie, au collège des Lazaristes, où il séjourna environ quinze jours.

Son vœu le plus ardent commençait à s'accomplir. Dans le transport de son allégresse, il s'écrie : « Dieu soit béni ! Qu'importent mes fatigues ? Je suis au milieu de mes enfants, et le bonheur que j'éprouve à les voir me fait oublier les peines qu'il m'a fallu endurer pour me réunir à eux. J'ai passé le premier jour de l'an 1838 sous le toit d'une famille chrétienne. Dès le soir de ce jour, M. Maubant est venu me rejoindre : Nous nous sommes embrassés comme des frères, et, je ne sais si nous eussions solennisé le renouvellement de l'année par des vœux plus ardents et de plus doux sentiments de bonheur, en France et dans nos familles, qu'au centre de la Corée et parmi des peuplades inconnues. »

A cette époque, M. Chastan se trouvait en tournée : il ne put voir son évêque que cinq mois plus tard, au commencement du mois de mai.

Le premier soin de Mgr Imbert fut de bien étudier durant trois mois la langue du pays. Il visita ensuite les chrétientés, et, en six mois, 1,994 adultes furent baptisés. A la suite de sa tournée pastorale, il écrivit une assez longue relation dans laquelle il dit que, le 24 janvier, chose inouïe jusque là pour lui, il vit à la messe, le

vin se glacer dans le calice. Parlant ensuite des montagnes de ces tristes régions, il nous apprend qu'elles sont
peuplées de bêtes féroces. « Les tigres surtout y abon-
dent, et chaque année mille personnes au moins périssent,
broyées sous leurs dents. » Des maladies pestilentielles et
des famines affreuses ravagent le pays. Pour les chrétiens, « la mort et l'exil sont écrits dans la loi. Ils sont
obligés pour se soustraire aux mauvais traitements et à
la prison, de se réfugier sur de hautes montagnes ou dans
des gorges reculées où ils ne tardent pas à périr de misère. » Malgré ces difficultés, la mission de Corée qui ne
comptait en réalité que 4,000 chrétiens en 1836, à l'entrée de MM. Maubant et Chastan, en comptait 9,000 au
bout de trois ans de labeur.

Dieu avait donc béni son apostolat au delà de toute espérance. Et pourtant, nouveau Xavier, il rêvait encore
d'autres conquêtes. Ce n'est pas assez pour ce grand cœur
d'avoir déjà parcouru les Indes, le Tonkin, la Chine,
le Thibet et la Corée ; voici de nouvelles et sublimes
aspirations : « Il m'arrive souvent, dit-il, de tourner des
regards de désir et presque d'espérance vers les rives du
Japon ! » Dieu devait cependant ne point laisser à notre
admirable apôtre le temps de réaliser ces projets gran-
dioses ; ses mérites et ses travaux l'avaient mûri pour
le ciel.

La persécution qui n'avait point cessé depuis 1801,
sévit en janvier 1839 plus vive et plus sanglante que
jamais. « Si les chrétiens ont repullulé dans l'empire,
portait l'édit, c'est parce qu'en 1801 l'extermination n'a

pas été complète. Il faut maintenant non seulement couper l'herbe, mais en arracher la racine. »

Que de familles furent alors plongées dans la désolation et soumises aux cruelles épreuves de la torture ! Que de jeunes gens, que de jeunes filles, que de saintes femmes et d'héroïques pères de famille durent affronter tour à tour, pour échapper à l'apostasie, les flatteries et les menaces, les promesses séduisantes et les violences féroces des bourreaux ! Si dans le nombre plusieurs faiblirent, le courage de la plupart s'éleva jusqu'au plus sublime héroïsme. Voici, par exemple, deux jeunes vierges dont on vient de briser les jambes, qui regardent tranquillement la moelle couler de leurs os. Deux autres, pour sauver leur virginité, se laissent rudement frapper sur les épaules, aux coudes et aux genoux, supportent cinq fois la question aux jambes, et souffrent que leur épine dorsale soit treize fois transpercée d'une alène rougie au feu. Au milieu de si terribles supplices, ces héroïnes chrétiennes se contentaient de prononcer avec suavité les doux noms de Jésus et Marie.

Cependant, l'âme du saint évêque est en proie aux plus affreux déchirements. Nuit et jour, il croit entendre retentir à ses oreilles cette parole du Sauveur : « Le bon pasteur donne sa vie pour ses brebis. » Cédant au généreux élan de son cœur, il prend la détermination héroïque de s'offrir lui-même aux bourreaux. Mais soudain une lutte admirable s'engage : ses deux compagnons revendiquent pour eux cet honneur. Il leur est alors refusé, et l'Évêque s'était résigné de son côté à patienter et à se cacher encore, quand un jour, (c'était le 10 août, fête de saint Laurent) n'y tenant plus, il court au tribunal et se déclare le chef des chrétiens persécutés. Sans retard, on lui garrotte les genoux et les pieds; à l'aide de deux bâtons on les tourne avec violence en sens contraire, de façon à leur faire dessiner un arc tendu, et, c'est dans cette douloureuse attitude que le patient subit un premier interrogatoire. « D'où vient, lui dit le juge, que vous êtes venus dans la Corée, toi et tes compagnons? — Nous y sommes venus pour y sauver vos âmes. — Combien as-tu intruit d'hommes? — Quelques centaines. — Livre-moi tous ceux que tu as convertis? — Je ne le puis sans me rendre coupable; je ne le ferai pas. — Je t'ordonne d'abandonner ton Dieu. — Non, je ne le ferai jamais. »

Après cet interrogatoire et d'autres qu'on lui fit subir dans l'espace de vingt-six jours, il eut à supporter les plus cruelles bastonnades. Mais, ce qui l'affligeait le plus, c'était la pensée des tourments réservés aux fidèles de sa chrétienté et le danger de l'apostasie auquel plusieurs seraient exposés. Alors se rappelant que les deux missionnaires lui avaient disputé naguère l'honneur de se livrer aux persécuteurs; sachant d'ailleurs que leur tête avait été mise à prix, et espérant que leur sacrifice uni au sien terminerait la persécution, il les invite à venir le rejoindre en prison. A cette nouvelle, il n'y eut pas de néophyte qui ne voulût se dévouer avec eux; il fallut toute l'autorité du saint évêque pour arrêter cet élan. Quant à ses deux compagnons, ce fut avec un tel enthousiasme qu'ils se rendirent à son appel, qu'ils écrivirent à leurs amis de France : « Si nous avons le bonheur d'obtenir la palme du martyre, cette palme dont le fruit est délicieux, dont l'ombre invite au repos et qui sert à orner le triomphe, rendez-en pour nous mille actions de grâce à la divine bonté ! »

Après s'être rendus à discrétion, ils furent soumis, ainsi que Mgr Imbert, à trois interrogatoires successifs, acompagnés des plus atroces tortures. Sans parler des bastonnades et des jambes ployées en forme d'arc, les patients sont encore suspendus par les cheveux et agenouillés sur des pointes de pots cassés, tandis qu'à droite et à gauche, des satellites les fustigent. Avec une scie de bois, on leur ampute le gras des membres; avec une corde en crin on leur déchire les chairs et on les découpe par tranches. Après que nos saints martyrs eurent enduré ces horribles tortures, le jugement du tribunal les condamne à mort comme ennemis de l'Etat.

Le 21 septembre fut le jour de la sanglante exécution. En voici, d'après Mgr Ferréol, successeur de Mgr Imbert, les sinistres détails. Une compagnie de cent vingt-six soldats, le mousquet sur l'épaule, se rendit sur le lieu de l'exécution, appelé *Mota*, situé sur le bord du fleuve, à une lieue de la capitale. Un instant après, une décharge de fusils et le son de la trompette annoncèrent l'arrivée d'un grand mandarin militaire. Pendant ce temps, les prisonniers furent extraits de leur prison, placés dans une corbeille d'osier, les mains attachées derrière le dos, et portés au champ de triomphe, au milieu d'une grande foule de peuple.

Les soldats avaient planté dans le sable trois piques,

au sommet desquelles flottait un étendard portant la sentence des condamnés, et s'étaient rangés en cercle tout autour. Ils ouvrirent le cercle et y reçurent les prisonniers. On les dépouilla d'une partie de leurs vêtements, on perça leurs oreilles d'une flèche qu'on y laissa suspendue, on jeta de l'eau sur leur visage et par dessus une poignée de chaux. Puis, deux hommes, passant un bâton sous les bras de chacun d'eux, les prirent sur leurs épaules et les promenèrent rapidement jusqu'à trois fois autour du cercle des soldats pour les livrer aux insultes de la populace. Enfin ils les firent agenouiller, attachèrent une corde à leur chevelure, et la passant par un trou pratiqué à un mât qui servait de potence, ils la tirèrent de manière à tenir leurs têtes droites. Alors une douzaine de soldats armés de leur sabre et simulant un combat, voltigent autour des condamnés et en passant les frappent au cou. Les têtes ne se détachent qu'à la septième ou huitième reprise. Dès qu'elles sont tombées, des satellites placent les corps sur une petite table et les présentent au mandarin qui s'en va rendre compte à la cour de l'issue de l'exécution. Les restes précieux des saints martyrs furent jetés pêle-mêle dans le sable, sur la rive du fleuve, et confondus dans une même fosse près de laquelle le roi préposa des gardes. Vingt-cinq jours plus tard, les chrétiens n'en parvinrent pas moins à les enlever furtivement. Ils reposent maintenant sur la montagne de No-Kou, en attendant que des jours meilleurs permettent de les entourer des honneurs qui leur sont dus.

Mgr Imbert était âgé de quarante-trois ans, M. Chastan de trente-cinq et M. Maubant de trente-six.

Ils sont morts frappés par le glaive, après avoir été ba-
foués, battus de verges, emprisonnés, mis à la question,
sciés; mais ils étaient bien de ces hommes qui par la foi
subjuguent les royaumes, établissent la justice, obtiennent
l'effet des divines promesses, ferment la gueule des lions
(Hébr. XI).

Ma tâche est à présent remplie. Vous connaissez, bien-
aimés lecteurs, quelques traits de la vie du vénérable
Mgr Imbert. Vous connaissez aussi l'héroïsme touchant
de ses deux compagnons. Vous ne serez donc pas surpris
quand la voix solennelle de l'Eglise les proclamera bienheureux. Ils ne seront pas seuls à triompher en ce jour;
car, ils sont au nombre de quatre-vingts les fidèles de la
mission de Corée qui obtinrent avec eux la palme du martyre et dont le grand Pape Pie IX daigna, dès le 24 septembre 1857, introduire la cause de canonisation. Mal-
heureusement le procès canonique ouvert en Corée n'a
pu jusqu'à présent se poursuivre régulièrement par suite
de la persécution. Mais en attendant l'heureux jour où
cette cause sainte sera enfin terminée, l'Eglise ne nous
défend pas d'honorer et de prier en notre particulier ceux
qui en sont l'objet. Et qui sait même si Dieu, en vue de
leur prochaine glorification, ne serait pas enclin à nous
accorder plus libéralement ses faveurs? Qui sait si par
leur intercession il ne voudrait pas nous accorder quelque grâce spéciale que depuis longtemps peut-être nous
lui demandons en vain. Faisons-en l'essai, et, pour hono-

rer dignement dans leur chef les martyrs de Corée, contri-
buons par une offrande généreuse, selon la mesure de nos
ressources, à l'érection d'une statue, dans le village qui
fut son berceau, sur ce vieux sol de Provence toujours
fécond en saints.

Cullas, par le Pin (Bouches-du-Rhône), le 10 août 1880.

Aix. — Imprimerie J. Nicot, rue du Louvre, 16. — 806.